$L^{27}n$ 20642.

SAINT VINCENT DE PAUL,

CURÉ DE CHATILLON-LES-DOMBES.

La renommée de saint Vincent de Paul vient d'avoir un retour de fraîcheur et de reverdissement dans la charmante petite ville de Châtillon-les-Dombes, où ce pieux homme fut curé en 1617.

C'est le 29 septembre 1856 que les Châtillonnais se sont plu à honorer sa mémoire en lui consacrant une statue dans une fête dont la France entière doit remercier la modeste cité.

L'image de celui qui est surnommé la *Charité vivante*, reproduite par le bronze, a été inaugurée sur l'une des places de la ville, à l'ombre même de l'asile des pauvres et des malades, avec lesquels le vénérable Vincent de Paul aimait tant à vivre et à souffrir; c'est dans cet asile qu'il institua la première compagnie des Dames de Charité, qui devint ensuite le modèle de toutes celles qui s'établirent en France; et en effet, c'est dans le sein de cette petite ville que se trouve le berceau de la charité et de ces grandes associations qui vont couvrir le monde!

L'artiste a rendu avec un grand bonheur les traits du saint homme. Il l'a représenté assis, tenant dans ses bras deux petits enfants qui implorent son secours et sa compassion. Un air de douce sérénité est répandu sur sa noble figure.

On voyait, à cette intéressante cérémonie, un monde d'illustrations à côté d'un monde d'humbles villageois. C'était l'évêque de Belley, entouré de son clergé; M. le préfet de l'Ain, assisté du sous-préfet de Trévoux et des maires de l'arrondissement; les religieuses de Saint-Vincent-de-Paul avec leur costume populaire; des députations de toutes les cités environnantes; des délégués des établissements fondés par le bienfaiteur, tels que des missions étrangères ayant à leur tête le père Etienne, supérieur des Lazaristes; des administrations civiles; plus de deux cents prêtres; des magistrats, des hauts fonctionnaires, des écrivains, des savants, des artistes, etc., etc.

C'était un spectacle à la fois curieux et touchant de voir cette foule compacte, où tous les rangs étaient confondus indistinctement, entourer de ses hommages l'image vénérée, dans l'attitude du respect et de l'admiration. Jamais Châtillon n'avait eu dans ses murs une telle affluence d'étrangers.

Les bons habitants de Châtillon ont fait acte de piété filiale envers celui qui fut, il y a près de deux siècles et demi, le pasteur, l'ami et le bienfaiteur de leurs ancêtres. Ils l'ont tellement divinisé, que les innombrables témoins de ce beau ciel, sont tentés de chercher son sépulcre parmi les étoiles du firmament, plutôt que sous les cyprès du monastère de Saint-Lazare, où reposent ses cendres.

Ainsi le modèle de la charité évangélique conserve une parenté éternelle avec les générations qui se succèdent.

C'est ici le moment de retracer avec briéveté cette vie, une des plus belles du temps où vécut le saint homme, porté par les penchants de son cœur à l'héroïsme de sa profession.

Le petit village de Poy, situé dans les Laudes, a vu naître, en 1576, le vertueux Vincent de Paul, que l'Eglise honore comme un saint, et que l'humanité tout entière vénère comme un bienfaiteur. Il fut le saint Jean du christianisme moderne et le modèle de la charité chrétienne.

Son père se nommait Jean de Paul et sa mère Bertrande de Moras. Quelques auteurs ont prétendu qu'ils étaient nobles : leur fils a pris soin de publier le contraire. C'étaient de pauvres paysans ; leurs six enfants partageaient leurs travaux ; Vincent, qui était le troisième, menait paître et gardait le petit troupeau de son père ; dès l'âge le plus tendre, il se fit remarquer par son esprit et sa sensibilité. On conserve dans le pays la mémoire de quelques traits de charité qui annonçaient déjà, dans le jeune berger, le père des pauvres. Ses parents l'ayant fait entrer chez les cordeliers d'Acqs, pour y faire ses études, ses progrès furent assez rapides pour qu'il fut trouvé en état, à l'âge de 16 ans, de devenir le précepteur ou le répétiteur des enfants du juge de Poy. Cet emploi lui fournit les moyens de terminer ses classes. Il reçut, le 20 décembre 1596, les ordres mineurs des mains de l'évêque de Tarbes, et se rendit au collége de Toulouse pour y faire sa théologie. La pauvreté le força d'interrompre ses études théologiques qu'il ne reprit qu'après avoir tenu, dans la petite ville de Buset (Haute-Garonne), une espèce de pensionnat. Enfin, après sept ans d'études, disciple et maître tour à tour, et donnant des leçons pour vivre, après avoir été élevé au sacerdoce en 1600 et nommé, vers le même temps, à la cure de Thil qu'il abandonna à un compétiteur, qui l'avait obtenue de Rome, il reçut le diplôme de bachelier en théologie, le 12 octobre 1604. Il partit pour Bordeaux où il était appelé par des affaires dont les détails sont restés inconnus à ses biographes, et de retour à Toulouse l'année suivante, il apprit qu'un homme de bien l'avait institué son héritier. Ce modique héritage l'ayant forcé de faire un voyage à Marseille, le bâtiment sur lequel il revenait à Narbonne, tomba au pouvoir des barbaresques. Il fut esclave à Tunis, sous trois maîtres différents, dont il convertit le dernier, qui était renégat et Savoyard. Dix mois après, le renégat, sa femme et Vincent, qu'ils avaient mis en liberté, débarquaient à Aiguemortes (1607) ; puis se rendaient à Avignon où le vice-légat, Pierre Montorio, le reçut solennellement.

Peu de temps après, Vincent de Paul accompagna à

Rome le vice-légat qui était instruit de son mérite. L'estime avec laquelle ce personnage parla du jeune prêtre français le fit connaître au cardinal d'Ossat, ambassadeur d'Henri IV auprès du pape Paul V. L'ambassadeur, le jugeant bientôt digne de toute sa confiance, le chargea d'une mission importante auprès du roi de France. Vincent, arrivé à Paris en 1609, a plusieurs conférences avec le roi Henri IV, et devient l'aumônier de la reine Marguerite de Valois. Sa nomination à la cure de Clichy, près de Paris, est de l'an 1612; et l'année suivante, à la sollicitation de Pierre de Bérulle, depuis fondateur de l'Oratoire et cardinal, il accepta les fonctions de précepteur des trois fils d'Emmanuel de Gondy, général des galères; l'un de ses élèves devint le fameux coadjuteur, puis cardinal de Retz.

Ce fut à Folville, en Normandie, dans une terre de la comtesse de Joigny, que Vincent de Paul conçut la pensée des missions religieuses, dont il donna l'exemple, mais qu'il ne destina d'abord qu'à l'instruction des villageois.

Apprenant que la cure de Châtillon-les-Dombes, dans la Bresse lyonnaise, est si pauvre qu'il ne se trouve pas d'ecclésiastique qui l'accepte, il s'échappe secrètement de la maison du comte de Joigny, pour aller desservir en 1617 cette pauvre paroisse où il institua *une confrérie de charité* qui devint le modèle de toutes celles qui s'établirent en France. Il faut lire dans les histoires de ce grand homme tout le bien qu'il opéra dans cette ville durant les six mois qu'il en demeura chargé. Quant il revint auprès du comte de Joigny, ce fut pour étendre les bienfaits de sa fervente charité à une classe de malheureux dont ses rapports avec le général des galères lui avaient fait connaître les souffrances. Par la protection du comte de Joigny, le pieux Vincent de Paul, parvint à réunir, dans une maison du faubourg Saint-Honoré, les condamnés de toutes les prisons de Paris qui attendaient le départ de la chaîne, et il leur prodigua les consolations de la religion et toute espèce de secours. Il ne tarda pas à être nommé par le roi Louis XIII (1619), aumônier général des galères. Il visita souvent les galériens, leur prodiguant des consolations et les secours de la religion. On dit même qu'il vit un jour un malheureux forçat qui avait été condamné à trois ans de captivité pour avoir fait la contrebande et qui paraissait inconsolable d'avoir laissé dans la plus extrême misère sa femme et ses enfants. Vincent de Paul, vivement touché de sa situation, offrit de se mettre à sa place, et ce qu'on aura peine sans doute à concevoir, l'échange aurait été accepté. Cet homme vertueux aurait été enchaîné dans la chiourme des galères et ses pieds seraient restés enflés pendant le reste de sa vie du poids de ces fers honorables qu'il aurait portés.... Si le récit de ce trait de dévouement n'a pas été universellement adopté comme authentique, cette tradition du moins fait juger combien sa générosité et son zèle envers les malheureux, étaient connus et admirés. A partir de cette époque et pendant les 40 dernières années de ce héros de la charité, il n'en est pas une qui ne soit marquée par quelque fondation religieuse ou philanthropique. Il serait impossible de rapporter au long toutes les actions qui l'ont illustré. On se permettra de ne citer que les principales, en supprimant à regret les détails.

De 1624 à 1633, la Congrégation des Missions pour l'instruction du peuple des campagnes est fondée par le pieux et modeste Vincent qui recommande avant tout aux missionnaires, l'humilité et la tolérance. Le prieur de Saint-Lazare, Adrien Lebon, obtient, après de longues et vives instances, que Vincent de Paul vienne prendre possession de sa maison en 1632.

Vers ce temps, fondation d'une maison d'asile pour les condamnés aux galères, confiés aux soins de Mme Legras (Louise de Marillac), si célèbre par sa piété et ses bonnes œuvres.

En 1633, institution des célèbres conférences présidées par Vincent de Paul, pour l'instruction des prêtres. L'institution des retraites spirituelles de Saint-Lazare est de l'année suivante.

Dans cette même année (1634), admirable institution de *ces filles de la charité*, si connues par les services de tout genre qu'elles ont rendus et qu'elles rendent encore à l'humanité, « ne devant avoir ordinairement, selon les

« propres paroles de leur fondateur, pour monastère que
« les maisons des malades, pour cellule qu'une chambre
« de louage, pour chapelle que l'église de la paroisse,
« pour cloître que les rues de la ville ou les salles des
« hôpitaux, pour clôture que l'obéissance, pour grille
« que la crainte de Dieu, et pour voile qu'une sainte et
« exacte modestie. »

Dans le même temps Vincent de Paul établissait une compagnie de Dames, chargées de prendre un soin particulier des malades de l'Hôtel-Dieu de Paris. La présidente Goussaud, en fut la première supérieure.

Le dévouement de ce saint prêtre ne se bornait pas à des actes particuliers ; il s'élevait au noble rôle d'assistance publique, il portait secours à son pays. C'est ainsi qu'en 1686, sa charité s'exerçait avec un zèle actif, et sous les formes les plus diverses, pour répondre à la double épreuve de la guerre et de la famine.

Alors, mission de Vincent et de ses compagnons, à l'armée de Picardie, pour faire cesser les désordres qui régnaient parmi les soldats, et soulager le pauvre peuple en proie aux horreurs de la guerre. Les plus abondantes aumônes accompagnaient les prédications du pieux missionnaire, quand elles ne le précédaient pas. Une province depuis longtemps démembrée de la monarchie française, la Lorraine, en proie à la guerre et à la plus horrible famine, n'implora pas en vain les secours de cet homme dont la charité était plus puissante que celle des princes et des rois. Tandis que les souverains, armés les uns contre les autres, ravageaient la terre déjà dévastée par d'autres fléaux, le fils d'un laboureur de Gascogne, saint Vincent de Paul, réparait les calamités publiques et répandait plus de vingt millions, en Champagne, en Picardie, en Loraine, en Artois où les habitants mouraient de faim, par villages entiers, et restaient ensuite dans les campagnes sans sépulture jusqu'au moment où Vincent de Paul se chargea d'en payer les frais. Les pauvres de Toul, Verdun, Metz, Nancy, Bar, Pont-à-Mousson, Saint-Michel, reçurent en particulier et par ses soins, en aliments, remèdes, vêtements et numéraire, une somme de plus de cinq millions.

Enfin, ne pouvant plus résister au spectacle des maux qu'entraînaient la guerre et la famine réunies, le saint homme va se jeter aux pieds de l'inflexible Richelieu : « Donnez-nous la paix, monseigneur, ayez pitié de nous, donnez la paix à la France. » L'impérieux ministre ne s'offensa pas de cette liberté et congédia l'homme de Dieu avec les plus belles promesses.

L'année 1643 est marquée par l'établissement de la Congrégation de Vincent-de-Paul à Rome, et par l'usage que ses successeurs ont adopté de ne se mettre à table, qu'entre deux pauvres vieillards pour mieux garder le souvenir de leur institution.

Après avoir recueilli les derniers soupirs du roi Louis XIII (1643), Vincent de Paul appellé par la reine-régente, Anne d'Autriche, à présider son conseil dit de conscience, fit preuve en toute circonstance, de loyauté, de tolérance, d'humilité, et quand il le fallut, d'une fermeté courageuse! Mazarin ne fit guère plus de cas de ses avis en politique que n'en avait fait Richelieu. Toute la consolation du saint homme était de redoubler ses aumônes, quand les fureurs de la guerre civile livrèrent le pays à de nouvelles horreurs.

Lorsque ce vénérable vieillard, dont tout le génie était dans la charité, achevait ses jours à Paris, Bossuet commençait les siens. Brisé par le temps, lassé des controverses, dégoûté de ces querelles religieuses qui n'avaient fait que des victimes et des bourreaux, Vincent de Paul n'avait trouvé le véritable domaine du prêtre que dans la clémence et la charité qui consolent au lieu de disputer; il avait pris le rôle de la providence bienfaisante et secourable à tous les partis. La vertu lui avait paru la meilleure part dans le sacerdoce. On conteste des doctrines, on ne conteste pas des services. Retiré dans un cloître à demi-ouvert, un petit nombre de disciples y venaient entendre ses derniers préceptes, résumés comme ceux de saint Jean, en un seul précepte : *Aimez Dieu et aimez-vous les uns les autres.* Il les réunissait dans des conférences où il exerçait ces jeunes novices à la parole familière plutôt qu'oratoire de leur profession. Le cœur ne déclame pas, saint Vincent de Paul ne leur enseignait pas le discours, mais la tendresse et la persuasion. Il distingua Bossuet parmi ses disciples, et il s'étudia à former sa conscience plus que son talent, il était plus soigneux de sa piété que de sa gloire. Cette piété, il faut le reconnaître, était plus chère à Bossuet que son talent. Il se pliait avec humilité, et même avec goût, aux plus austères pratiques de sa foi ; il aimait la prière, la méditation, les exercices de l'âme, les cérémonies, le temple, l'autel ; il y édifiait ses émules par son assiduité.

Enfin, c'est au milieu de cette longue période de guerres et de troubles, que le saint prêtre fondait à Paris l'institution qui, à elle seule, suffirait pour recommander son nom aux bénédictions de tous les peuples et de tous les âges ; nous voulons parler de l'établissement du premier hospice des enfants trouvés (1648). Dans cette œuvre il se donne à ces infortunés ; il fait mieux que les secourir et les soigner, il vit avec eux. Chez lui, dans les églises, par la ville, il est partout où sa présence est bonne. Ni misères rebutantes, ni maladies infectes, ne l'arrêtent après ce que lui inspire le plus ardent désir de soulager ceux qui souffrent, ceux qui sont délaissés ; il a mieux que le remède ou l'aumône, il a son regard, un mot tendre, un soupir, une larme, il pense à tout, il pourvoit à tout, il descend au plus petit détail. Rien ne lui semble au-dessous de ses soins, mais rien ne le surcharge. Ce n'est là que l'exercice naturel de son cœur.

Avant cet établissement des enfants trouvés on vendait ces innocentes créatures dans la rue Saint-Landri, vingt sous pièce, et on les donnait par charité, disait-on, aux femmes malades qui en avaient besoin pour leur faire sucer un lait corrompu. Vincent de Paul fournit d'abord des fonds pour nourrir douze de ces enfants. Bientôt sa charité soulagea tous ceux qu'on trouvait exposés aux portes des églises ; mais les secours lui ayant manqué, il convoqua une assemblée extraordinaire de dames charitables. Il fit placer dans l'église un grand nombre de ces malheureux, et montant aussitôt en chaire, il prononça, les yeux baignés de larmes, ce discours qui fait autant d'honneur à son éloquence qu'à sa piété :

« Or sus, mes dames, la compassion et la charité vous
« ont fait adopter ces petites créatures pour vos enfants.
« Vous avez été leurs mères, selon la grâce, depuis que
« leurs mères, selon la nature, les ont abandonnées :
« voyez maintenant si vous voulez les délaisser. Cessez à
« présent d'être leurs mères pour devenir leurs juges.
« Leur vie et leur mort sont entre vos mains ; je m'en
« vais recueillir les voix et les suffrages ; il est temps de
« prononcer leur arrêt et de savoir si vous ne voulez plus
« avoir de miséricorde pour eux. Ils vivront, si vous con-
« tinuez d'en prendre un soin charitable, et ils mour-
« ront tous si vous les abandonnés. »

On ne répondit à cette pathétique exhortation que par
des sanglots, et le même jour, dans la même église,
l'hospice des *Enfants trouvés* de Paris fut fondé et doté
de quarante mille livres de rente.

A l'égard des enfants délaissés, il faut écouter un moment saint Justin le philosophe. Dans sa première apo-
logie adressée à l'empereur Antonin, il parle ainsi : « On
« expose les enfants sous votre empire. Des personnes
« élèvent ensuite ces enfants pour les prostituer. On ne
« rencontre par toutes les nations que des enfants des-
« tinés aux plus exécrables usages, et qu'on nourrit com-
« me des troupeaux de bêtes ; vous levez un tribut sur
« ces enfants... ceux qui abusent de ces petits innocents,
« outre le crime qu'ils commettent envers Dieu, peuvent
« par hasard abuser de leurs propres enfants. Pour nous
« autres chrétiens, détestant ces horreurs, nous ne nous
« marions que pour élever nos familles, ou nous re-
« nonçons au mariage pour vivre dans la chas-
« teté » (1).

Voilà donc les hôpitaux que le polythéisme élevait aux
orphelins. O vénérable Vincent de Paul, où étais-tu ?
où étais-tu pour dire aux dames de Rome comme à ces
pieuses dames françaises qui t'assistaient dans tes œuvres : « Or sus, mes dames, voyez si vous voulez délais-
« ser, à votre tour, ces petits innocents dont vous êtes

---

(1) Sancti Justini, 17, 42. Pages 60, 61.

« devenues les mères selon la grâce, après qu'ils ont été
« abandonnés, par leurs mères selon la nature. »

Le siècle a pardonné le christianisme à saint Vincent de Paul; on a vu la philosophie pleurer à son histoire. On sait que gardien de troupeaux, puis esclave à Tunis, il devint un prêtre illustre par sa science et par ses œuvres : on sait qu'il est le fondateur de l'Hôpital des enfants trouvés, de celui des pauvres vieillards, de celui du nom de *Jésus*, de celui de la Salpétrière, de l'hôpital des galériens de Marseille, du collège des prêtres de la mission, des confréries de charité dans les paroisses, des compagnies de dames pour le service de l'Hôtel-Dieu, des filles de la charité, servantes des malades, et enfin des retraites pour ceux qui désirent choisir un état de vie et qui ne sont pas encore déterminés.

Vincent de Paul pour toutes ces institutions a marqué une grande époque dans l'histoire *de la bienfaisance publique et de la philanthropie moderne*. Le XVIe siècle ne vit peut être pas parmi les grands hommes, un plus modeste, plus humble, plus désintéressé, plus ami de sa patrie, plus attaché à ses devoirs, comme homme, comme Français, comme ministre des autels, que le prêtre de Châtillon, l'illustre saint Vincent de Paul.

Où la charité va-t-elle prendre toutes ses institutions, toute sa prévoyance ?

Saint Vincent de Paul fut puissamment secondé par mademoiselle Legras qui, de concert avec lui, établit les sœurs de la charité. Elle eut aussi la direction de l'hôpital du nom de *Jésus*, qui, d'abord fondé pour quarante pauvres, a été l'origine de l'Hôpital général de Paris, et a reçu jusqu'à 5,000 de ces infortunés des deux sexes. Pour emblème et pour récompense d'une vie consumée dans les travaux les plus pénibles, mademoiselle Legras demanda qu'on mît sur son tombeau une petite croix avec ces mots : *Spes mea*. Sa volonté fut faite.

Ainsi de pieuses familles se disputaient, au nom du Christ, le plaisir de faire du bien aux hommes. La femme du chancelier de France et mademoiselle Fouquet étaient de la congrégation des dames de la charité. Elles avaient chacune leur jour, pour aller instruire et exhorter les malades, leur parler des choses nécessaires au salut, d'une manière touchante et familière ; d'autres dames recevaient les aumônes ; d'autres avaient soin du linge, des meubles, des pauvres, etc.

Un auteur dit que plus de 700 calvinistes rentrèrent dans le sein de l'église romaine, parce qu'ils reconnurent la vérité de sa doctrine dans la production *d'une charité si ardente et si étendue*. Saintes dames de Miramion, de Chantal, de la Peltrie, de Lamoignon, vos œuvres ont été pacifiques ! Les pauvres ont accompagné vos cercueils ! ils les ont arrachés à ceux qui les portaient pour les porter eux-mêmes ! Vos funérailles retentissaient de leurs gémissements, et l'on eût cru que tous les cœurs bienfaisants étaient passés sur la terre parce que vous veniez de mourir !

On trouve même des monuments de la bienfaisance de saint Vincent de Paul, non-seulement dans toutes les provinces de la France, mais sur la terre étrangère, tels qu'en Italie, en Ecosse, en Barbarie, à Madagascar, etc., etc., etc., où les missions se sont étendues.

Ce bienfaiteur ne pensa jamais à profiter de sa faveur et de son crédit à la cour, pour s'enrichir ou pour doter les siens. Il avait eu la prévoyance, dès le commencement de son élévation, d'imposer à ses parents le devoir d'imiter son désintéressement.

Le soin qu'il avait pris en plusieurs occasions de rappeler à ceux qui l'oubliaient, l'obscurité de sa naissance, a inspiré, au plus illustre de ses panégyristes, à l'abbé Maury, l'une de ses pages les plus éloquentes.

La santé de saint Vincent de Paul était tellement affaiblie, dans les dernières années de sa vie, qu'il ne pouvait plus sortir; mais il était encore l'âme des communautés qu'il avait fondées. Aucun bien ne se faisait sans sa participation. D'où lui venait donc, dans sa vieillesse, la force qui lui donnait ce zèle ardent pour l'humanité ? C'est un secret que ne devineront pas ceux dont le cœur n'a pas été visité par la religion. On donnait à ce père des pauvres le surnom d'*Intendant de la Providence*. Après de cruelles souffrances, qu'il supporta avec un sublime courage, il s'éteignit à Saint-Lazare, le 27 septembre 1660, à 85 ans, accablé de travaux et de privations.

Ainsi vécut et mourut Vincent de Paul. Son nom et ses œuvres sont restés populaires et immortels. Il aima, ce fut son génie; il fut aimé, ce sera sa gloire. Les grands et le peuple, la cour et la ville, les magistrats et les religieux versaient des larmes à la nouvelle de sa mort. Jamais on n'avait entendu un concert si unanime de louanges.

Sur les sollicitations unanimes des religieux et du clergé français, dont trois assemblées, présidées par le cardinal de Noailles, déclarèrent « *qu'il n'était plus possible de contenir la piété des fidèles,* » Vincent de Paul fut béatifié par le pape Benoît XIII, le 14 août 1729, et canonisé par Clément XII, le 16 juin 1737. Sa fête est fixée au 19 juillet. Son panégyrique, d'abord prononcé par l'abbé, depuis cardinal Maury, en présence de Louis XVI, à Versailles, en 1785, est l'un des chefs-d'œuvres de l'éloquence chrétienne. Le malheur de saint Vincent de Paul, si c'en est un d'être peu loué et même peu connu, son malheur fut de n'être point célébré au moment de sa mort par cet éloquent Bossuet qui immortalisait tous ses héros, et qui, dans le même temps, composait des oraisons funèbres sur des sujets beaucoup moins dignes de son génie ; mais la gloire d'un éloge public est due à ses vertus. Et cependant Bossuet conserva toujours un bon souvenir de l'onction chrétienne et des vertus de saint Vincent de Paul, car il se rappelait encore, à 72 ans, les jours de son enfance, lorsqu'il assistait à ses sermons : *il croyait,* disait-il, *avoir entendu Dieu lui-même parler.*

Quand l'Eglise s'occupa de rechercher la vie de cet homme de bien après sa mort, pour consacrer sa mémoire, Bossuet, consulté, écrivit son témoignage.

« On se réunissait, dit-il, chez lui le mardi de chaque
« semaine; de grands évêques y étaient amenés par la
« réputation de piété de cet excellent homme. Ils y ap-
« prenaient à prêcher l'Evangile autant par leurs exem-
« ples que par leurs discours.

« Plein de reconnaissance pour la mémoire de ce pieux

« personnage, nous l'avons connu personnellement dans
« notre jeunesse ; il nous enseignait la piété et la disci-
« pline, et aujourd'hui touchant nous-même à la vieil-
« lesse, nous nous rappelons avec un singulier plaisir
« ses tendres leçons. Avec quelle édification n'avons-nous
« pas contemplé à loisir ses vertus, son admirable cha-
« rité, la gravité de ses mœurs, sa rare prudence, unis
« à la plus parfaite simplicité, son application aux affai-
« res, son zèle pour les âmes, ses institutions charita-
« bles, où sa mémoire vit dans chacune des saintes fem-
« mes qui continuent ses œuvres. »

C'était aussi saint Vincent de Paul que Fénélon proclamait comme son maître. Saint François de Salles, qui ne connaissait pas dans l'église un plus digne prêtre que lui, le chargea en 1620 de la supériorité des Filles de la Visitation. Henri IV, Louis XIII le consultaient, et Paul V et Benoît XIII l'honoraient de leur estime et de leur confiance.

Louis XVI, après une première lecture du panégyrique, d'abord prononcé à Versailles, avait ordonné l'érection de la statue du saint prêtre, fils d'un laboureur. Ce monarque n'hésita point à faire reproduire les traits et la vie de cet apôtre de l'humanité pour les présenter aux hommes de toutes les croyances et même à ceux qui n'en auraient pas. Ils croiront à la *bienfaisance*.

La statue élevée à saint Vincent de Paul par l'infortuné monarque fut dans nos jours d'éternelle douleur remplacée par celle de Marat... Mais au-dessus de ce triste souvenir et dans cette impression même se trouve le souvenir de l'impression de l'homme divin que la providence montre et donne comme exemple et consolation lorsqu'elle frappe. C'est une loi historique aux époques de déchirement, les grands hommes et les grandes vertus ; aux désastres, les héros de la charité; aux massacres des Indiens, Las-Casas ; aux guerres de religion, Lhôpital ; aux vices de son siècle, saint Vincent de Paul ; saint Charles Borromée à Milan ; Belzunce à Marseille ; aux bourreaux de la Terreur, leurs victimes. Les années 1800 à 1805 eurent des hommes réparateurs et conservateurs. A ces signes de rédemption on reconnaît la main qui châtie pour enseigner !

J. D. B...

LYON,
IMPRIMERIE DE Vᵛᵉ MOUGIN-RUSAND,
Rue Tupin, 16.
1856.

www.ingramcontent.com/pod-product-compliance
Lightning Source LLC
Chambersburg PA
CBHW060451050426
42451CB00014B/3274